W0291365

Olivier MARIE
présente

TROP BON !
LA COQUILLE SAINT-JACQUES

Editions OUEST-FRANCE

Introduction

Chaque année à l'automne, c'est la même impatience chez les gourmands dont les papilles sont en manque de douceurs iodées. Dès le 1er octobre, tournés vers la mer, ils attendent l'ouverture de la pêche à la coquille Saint-Jacques. Ils guettent les premières récoltes des coquilliers. Et lorsqu'elles apparaissent, bâillant sur l'étal à côté du dormeur, celles que l'on nomme également Pèlerine nous réveillent les sens. Et l'on se laisse ainsi séduire jusqu'au 15 mai. Au-delà, fini la drague ! On peut encore en trouver, des belles, des grosses bien charnues, plus goûtées. Mais celles-ci ne se laissent pas draguer facilement. Il faut les mériter, il faut plonger et les cueillir dans les profondeurs de la Rance, de Saint-Quay-Portrieux ou de la rade de Brest.

La Saint-Jacques sait se faire désirer et tant mieux, elle n'en est que meilleure. À ce propos, arrêtons-nous un moment pour mettre les pendules à l'heure. Que l'on arrête une bonne fois pour toutes avec les Saint-Jacques en été. Oui, d'accord, certains restaurants peuvent en proposer... mais pas de la bretonne, pas de la française. De l'anglo-saxonne, pêchée au large de l'Écosse. Le consommateur soucieux de se régaler de cette perle bretonne et de soutenir également la pêche régionale n'en consommera pas en été. Et boudera le restaurateur qui cède aux sirènes du « tout produit en toute saison ».

D'autant que l'on a tout le temps de se la croquer, cette *Pecten maximus*. Pensez donc, près de huit mois à la marier avec les légumes d'automne, d'hiver et de printemps. Huit mois pour varier les plaisirs. Dans cet ouvrage, une vingtaine de chefs de cuisine vous la proposent à toutes les sauces. Crue en carpaccio relevée de l'acidité d'un citron vert ou en bâtonnets engoncée dans un rouleau de printemps. Snackée, percée d'une branche de romarin, enfouie dans un bocal, garnie de langues d'oursins... Lutée ou grillée dans sa coquille. Pochée dans son bouillon, etc. La coquille Saint-Jacques adore également les mariages terre-mer, ici avec une queue de bœuf, là avec de l'andouille, du cochon... Sans oublier la Saint-Jacques à la truffe qui reste un must de la gastronomie.

Il faut oser avec les Saint-Jacques comme il faut naturellement oser en cuisine. Il faut les booster en bouche sans les dénaturer. Comme souvent devant le piano, tout est affaire d'équilibre, de justesse. Et la Saint-Jacques en demande.

Noix de Saint-Jacques au céleri et thym citron

Par Laurent Bacquer – La Cantine des Chefs – Carhaix

Pour 4 personnes

12 noix de Saint-Jacques
1 céleri boule
1 bouquet de champignons enokis
80 g de beurre
2 carottes jeunes
2 oignons bottes
2 gousses d'ail
Thym citron
10 cl de crème
15 cl de Noilly-Prat
1 pointe de curry
30 cl de fumet de poisson
10 cl de jus d'orange
Huile d'olive
Sel, poivre

- Éplucher et tailler grossièrement le céleri puis le cuire à l'eau. Mixer avec le beurre, saler, poivrer et réserver.
- Tailler les carottes en rondelles fines.
- Émincer les oignons et garder les tiges en les découpant en tronçons de 3 à 4 cm.
- Cuire les carottes avec le jus d'orange et une partie du fumet. Saler et poivrer. Les carottes doivent être croquantes. Égoutter.
- Faire revenir les oignons dans de l'huile d'olive avec l'ail et le thym citron, sans coloration.
- Déglacer avec le Noilly-Prat, crémer et porter à ébullition. Cuire à feu moyen quelques minutes.
- Ajouter les carottes et les tiges d'oignons, poursuivre la cuisson quelques minutes.
- Poêler les champignons enokis.
- Poêler les Saint-Jacques.
- Présenter dans des bocaux.

Carpaccio de Saint-Jacques, marinade asiatique

Par Thierry Berton – Un Toqué à la Maison – Rennes (35)

Pour 4 personnes
16 noix de Saint-Jacques
1/2 botte de radis
Roquette
1 citron vert
10 g de gingembre frais
1/2 échalote
10 cl d'huile d'olive
1 cuillerée à café de miel
1 gousse de vanille Bourbon
5 cl de sauce soja
Coriandre
Graines de sésame au wasabi
Sel, poivre

- Laver les légumes.
- Mettre le miel, la sauce soja, un trait de citron vert et ses zestes, le gingembre râpé, les graines de vanille et l'échalote ciselée dans un récipient. Poivrer et laisser à température ambiante.
- Faire frire quelques feuilles de coriandre dans de l'huile chaude. Égoutter.
- Découper en fines tranches les noix de Saint-Jacques. Les disposer en bande dans une assiette. Napper de la marinade asiatique au pinceau.
- Découper de fines tranches de radis à la mandoline. Les intercaler sous les Saint-Jacques.
- Disposer quelques feuilles de roquettes et la coriandre frite à intervalles réguliers.
- Saupoudrer de sésame au wasabi le pourtour du carpaccio.

Noix de Saint-Jacques rôties,

céleri en deux façons, beurre rouge et chips de blé noir

Par Patrick Dagorne – La Pergola – Penvins (56)

Pour 4 personnes

16 noix de Saint-Jacques
1 boule de céleri
1 botte de céleri branche
2 échalotes
140 g de beurre
10 cl de crème liquide
15 cl de vin rouge
1 galette de blé noir
Sel, poivre

- Éplucher le céleri branche, l'émincer finement et le faire suer au beurre dans une casserole.
- Éplucher le céleri rave et le couper en gros dés.
- Les mettre dans une casserole et couvrir d'eau.
- Lorsque les morceaux sont tendres, passer au mixer ou à la grille fine avec du sel et du poivre. Ajouter 20 g de beurre et réserver.
- Tailler seize petits cercles dans la galette de blé noir et les faire croustiller à la poêle.
- Dans une casserole, faire réduire les échalotes et le vin rouge aux deux tiers et incorporer 100 g de beurre à feu doux.
- Dans une assiette, disposer quatre petits cercles de purée de céleri.
- Cuire les Saint-Jacques à la poêle avec 20 g de beurre, 1 min de chaque côté.
- Disposer les Saint-Jacques sur la purée de céleri puis les rondelles de blé noir.
- Disposer le céleri branche entre chaque Saint-Jacques et napper de beurre rouge.

Tartare de Saint-Jacques au poivre vert et graines de courge

Par Emmanuel Tessier – Cuisine Corsaire – Cancale (35)

Pour 4 personnes

200 g de noix de Saint-Jacques
1 laitue
8 cuillerées à soupe de graines de courge
4 cuillerées à soupe d'huile de pépins de raisin
4 cuillerées à café d'huile de graines de courge

Marinade au poivre vert

4 cuillerées à café de poivre vert Épices Roellinger
2 cuillerées à soupe de vinaigre de riz
8 cuillerées à soupe d'huile de pépins de raisin
1 cuillerée et demie à café de sel
1 cuillerée à café de sucre

- Préparer la marinade : piler finement le poivre vert, ajouter le sel, le sucre et le vinaigre de riz. Bien mélanger et ajouter l'huile de pépins de raisin. Réserver.
- Préparer la laitue et réserver.
- Faire frire les graines de courge avec l'huile de pépins de raisin.
- Chauffer jusqu'à éclatement (gare aux projections d'huile).
- Égoutter et réserver sur du papier absorbant.
- Tailler les Saint-Jacques en petits dés.
- Au moment du service, tailler la salade en chiffonnade et assaisonner avec la marinade.
- Assaisonner également les dés de Saint-Jacques avec la marinade.
- Disposer les Saint-Jacques, la laitue et les graines de courge dans l'assiette.
- Faire de petites taches avec l'huile de graines de courge et faire lisser sur les taches le reste de marinade. Servir.

Noix de Saint-Jacques à la coque aux herbes

Par Rachel Gesbert – La Fontaine aux Perles – Rennes (35)

Pour 4 personnes

20 noix de Saint-Jacques
200 g d'échalotes
50 g d'ail
1 bouquet de ciboulette
100 g de chapelure brune
120 g de beurre de baratte
1 bouquet de cerfeuil
100 g de filaments de poireaux frits
Sel, poivre du moulin

- Laver vivement les noix de Saint-Jacques, les couper en trois et les disposer sur une planche côte à côte. Les assaisonner.
- Éplucher et hacher les échalotes et l'ail. Hacher le cerfeuil, ciseler la ciboulette et réserver.
- Ajouter sur les noix de Saint-Jacques escalopées l'ail, les échalotes puis les herbes fraîches.
- Assaisonner de sel et de poivre du moulin.
- Parsemer les noix de Saint-Jacques de chapelure et mélanger le tout délicatement.
- Disposer les noix en forme de rosace dans des coquilles de porcelaine.
- Déposer 20 g de beurre sur chaque coquille et les passer au four 8 min à 200 °C (th. 6-7).
- Après cuisson, mettre le poireau frit sur les noix de Saint-Jacques.

Ravioles de Saint-Jacques, coriandre et noisettes

Par Jérémie Le Calvez – Pomme d'Api – Saint-Pol-de-Léon (29)

Pour 4 personnes

20 coquilles Saint-Jacques

Bouillon de barde
1 carotte
1 poireau
1 oignon
1 botte de coriandre
1 citron vert
5 cl de vin blanc

3 g d'agar-agar
4 cuillerées à soupe d'huile de noisette
Huile d'olive
Piment d'Espelette
Noisettes torréfiées concassées
Eau
Sel, poivre

• Ouvrir les Saint-Jacques, récupérer les noix et les bardes. Rincer et réserver au frais.
• Nettoyer les bardes et les réserver.

Préparer le bouillon de barde de Saint-Jacques

• Ciseler l'oignon et le faire suer dans une casserole assez large avec un filet d'huile d'olive.
• Ajouter les bardes avec la carotte (coupée en fine brunoise) ainsi que le poireau finement émincé.
• Faire revenir le tout et déglacer avec 5 cl de vin blanc.
• Mouiller d'eau à hauteur et laisser cuire 20 min.
• Passer le bouillon dans un linge puis au chinois étamine.
• Prélever 30 cl de ce jus pour la raviole.

Préparer les ravioles

• Faire bouillir ces 30 cl de bouillon et ajouter l'agar-agar tout en remuant.
• Couler le bouillon (gélifié) sur une assiette plate à rebords.
• À froid, détailler de petites rondelles fines.

• Dans un saladier, couper les noix de Saint-Jacques en dés réguliers.
• Ajouter les noisettes concassées, le piment, le sel, le poivre, le zeste de citron vert et un demi-jus du citron vert.
• Mélanger et ajouter la coriandre ciselée avec quatre cuillerées à soupe d'huile de noisette.
• Dans une assiette, disposer six petites quenelles de tartare de Saint-Jacques sur des rondelles de ravioles. Recouvrir d'une feuille de coriandre et d'une nouvelle rondelle de raviole.

Noix de Saint-Jacques,

pickles de betteraves, pousses de moutarde et radis Red Meat

Par Nicolas Séjourné – Les Remparts – Vannes (56)

Pour 4 personnes

12 coquilles Saint-Jacques
2 betteraves rouges
1 betterave Chioggia
4 belles branches de moutarde violette
2 radis Red Meat
2 piments oiseau
1 cuillerée à soupe de miel
2 cuillerées à soupe de vinaigre de Banyuls
2 cuillerées à soupe d'huile d'olive
Beurre demi-sel
Fleur de sel
Gros sel de Guérande
Poivre du moulin

• Récupérer les feuilles et les côtes de betteraves. Détailler les côtes en petits dés et les blanchir dans de l'eau bouillante.
• Cuire une betterave rouge en croûte de sel, avec la peau, pendant environ 2 h à 150 °C (th. 5).
• Tailler la betterave cuite en brunoise et la betterave crue en julienne.
• Faire revenir la brunoise de betterave cuite avec le miel et les piments en chauffant légèrement.
• Déglacer avec le vinaigre et faire réduire de moitié.
• Ajouter la julienne de betterave crue et laisser mijoter 1 min.
• À l'aide d'une mandoline, réaliser des copeaux avec la betterave Chioggia et le radis Red Meat.
• Dans un saladier, réunir les copeaux de légumes, les pousses de moutarde violette, les feuilles et les côtes de betterave. Lustrer à huile d'olive et ajouter la fleur de sel.
• Cuire les noix de Saint-Jacques façon meunière dans du beurre salé.
• Disposer harmonieusement les pickles de betterave, les coquilles et la salade en assiette ronde. Servir chaud.

Saint-Jacques rôties,

kasha de sarrasin, jeune poireau et jus pomme-cidre

Par Nicolas Briand – Les Tourelles, Château d'Apigné – Rennes (35)

Pour 4 personnes

16 noix de Saint-Jacques décoquillées
100 g de sarrasin ou « Kasha »
4 grosses échalotes
10 g de ciboulette
10 cl d'huile d'olive
20 g de beurre frais
4 jeunes ou mini-poireaux
1 pomme reinette
1 pomme granny-smith
1 pomme golden
1/2 carotte
1/2 oignon
1 bouteille de cidre brut
30 cl de vinaigre balsamique de cidre

Tuile au beurre

150 g de glucose
100 g de beurre demi-sel
5 cl de lait demi-écrémé
30 g de fécule de pomme de terre

Réaliser la sauce pomme-cidre

- Éplucher et tailler en grosse brunoise la demi-carotte et l'oignon et faire suer doucement au beurre et à l'huile d'olive.
- Pendant ce temps, laver et tailler en gros quartiers toutes les pommes avec leur peau. Déposer sur la garniture.
- Verser le contenu d'une bouteille de cidre et laisser cuire doucement environ 1 h.
- Passer au chinois en foulant pour récupérer l'exsudat de pomme. Mixer en ajoutant un peu d'huile d'olive et de sel et réduire à consistance épaisse.

Réaliser les tuiles au beurre

- Faire fondre le beurre avec le glucose et le lait.
- Quand le mélange est homogène, ajouter la fécule de pomme de terre et bien mélanger.
- Étaler en petits ronds avec le dos d'une cuillère sur une feuille en silicone et cuire au four à 180 °C (th. 6) pendant 7 min et laisser refroidir.

Préparer les Saint-Jacques

- Réduire le vinaigre balsamique de cidre à consistance sirupeuse et réserver.
- Cuire le jeune poireau à l'eau bouillante salée puis le refroidir dans de l'eau glacée.
- Éplucher et émincer finement 3 échalotes puis les frire à la poêle dans un mélange d'huile d'olive et de beurre. Les égoutter sur du papier absorbant et saler.
- Cuire le sarrasin à l'eau bouillante salée, rafraîchir et égoutter.
- Ciseler finement une échalote et la ciboulette.
- Sauter le sarrasin au beurre avec l'échalote et la ciboulette ciselées puis assaisonner.
- Rôtir les Saint-Jacques à l'huile d'olive avec les poireaux dans une poêle antiadhésive et assaisonner de fleur de sel.
- Dresser le sarrasin dans le moule de votre choix et parsemer d'échalotes croustillantes.
- Déposer la tuile au beurre. Poser les Saint-Jacques et le poireau autour, faire quelques points de vinaigre de cidre réduit et saucer légèrement l'assiette.

Rouleaux de printemps à la Saint-Jacques

Par Anthony Martin – L'Entonnoir – Rennes (35)

Pour 4 personnes

8 à 12 noix de Saint-Jacques
4 feuilles de riz
8 asperges vertes
100 g de pâtes Soba (au blé noir)
1 radis noir
Jeunes pousses d'épinard

Vinaigrette
Huile de sésame
Huile d'olive
Vinaigre fumé
Sauce soja
Zeste de citron vert
Coriandre fraîche
Piment d'Espelette
Sel, poivre

- Blanchir les asperges. Les tailler en deux dans le sens de la longueur.
- Éplucher et tailler le radis noir en grosse julienne.
- Cuire les pâtes Soba dans l'eau.
- Réaliser une vinaigrette au mixer plongeant avec tous les ingrédients.
- Tailler les noix de Saint-Jacques en rondelles.
- Mélanger les asperges, les radis, les pâtes et la vinaigrette.
- Faire tremper les feuilles de riz dans l'eau tiède quelques secondes puis les étaler sur un linge de cuisine humide.
- Déposer les tranches de Saint-Jacques sur les feuilles, puis les pousses d'épinard et enfin le mélange Soba/radis/asperges.
- Rouler les rouleaux aux deux tiers puis rabattre les côtés et terminer de rouler.
- Réserver au frais.

Astuce : Si les Saint-Jacques sont coraillées, on peut récupérer le corail et le mixer avec un peu de vinaigrette et un jus de citron pour obtenir une sauce d'accompagnement.

Noix de Saint-Jacques
et foie gras poêlés, gaspacho de chou rouge

Par Christophe Le Fur – Auberge Grand Maison – Mûr-de-Bretagne (22)

Pour 4 personnes

12 noix de coquilles Saint-Jacques de la baie de Saint-Brieuc
80 g de foie gras de canard cru
20 g de farine
150 g de chou rouge
50 g de mayonnaise
Quelques gourmands de petits pois

- Centrifuger le chou rouge cru et mélanger le jus extrait avec la mayonnaise.
- Fariner le foie gras coupé en forme de frites et le poêler.
- Inciser les noix de Saint-Jacques et les faire cuire à l'huile d'olive 2 min de chaque côté.
- Dresser et décorer avec les gourmands de petits pois.

Noix de Saint-Jacques justes saisies, risotto noir

Par Jacques Faby – Le Cours des Lices – Rennes (35)

Pour 4 personnes

20 noix de Saint-Jacques
4 tranches de jambon ibérique
160 g de riz noir Vénéré Nero
4 asperges vertes
4 ou 5 oignons nouveaux
1 oignon
1 gousse d'ail
1,5 l de bouillon de volaille
10 cl de vin blanc
1 cuillerée à soupe d'huile d'olive
Parmesan
Thym, laurier

Réaliser le risotto

- Faire revenir l'oignon dans l'huile d'olive avec l'ail et le thym jusqu'à ce qu'il soit translucide.
- Verser le riz. Une fois ce dernier bien imprégné de matière grasse, déglacer au vin blanc.
- Mouiller petit à petit avec le bouillon de volaille. Cuire environ 45 min jusqu'à ce que le riz soit fondant.
- Ajouter le parmesan en poudre au dernier moment.

Préparer les Saint-Jacques

- Cuire les légumes et arrêter aussitôt la cuisson dans un bac à glaçons.
- Placer le jambon coupé en fines lamelles entre des feuilles de papier sulfurisé. Enfourner à 180 °C (th. 6), de 5 à 10 min.
- Snacker les Saint-Jacques en aller-retour.
- Dresser comme sur la photo.

Astuce : On peut accompagner ce plat d'un jus de veau. Pour ce faire, saisir les parures avec de l'échalote, de l'ail et du thym. Déglacer à l'eau froide. Cuire jusqu'à réduction. Passer au chinois et monter au beurre. Ajouter un trait d'huile de truffe.

Saint-Jacques dans la coquille

sous le gril, beurre manié aux herbes fraîches et curcuma

Par Olivier Samson – La Gourmandière – Vannes (56)

Pour 4 personnes

8 Saint-Jacques entières nettoyées
150 g de beurre demi-sel
1 jus de citron vert
1 échalote ciselée
1 cuillerée à café de citron confit
5 g de curcuma
Gingembre râpé
Ciboulette
Cerfeuil
Estragon
Fleur de sel
Poivre du moulin

- Faire suer l'échalote ciselée au beurre sans coloration et refroidir.
- Ciseler finement les herbes fraîches et malaxer avec le beurre pommade, le curcuma, le jus de citron et un tour de moulin.
- Rouler l'ensemble en boudin et faire prendre au froid.
- Tailler un disque de beurre et déposer sur la noix de Saint-Jacques puis cuire sous le gril 2 à 3 min environ.
- Disposer les coquilles dans l'assiette sur un lit de gros sel.

Saint-Jacques, bouillon de bœuf à la citronnelle

Par Mathieu Ruellan – Le Tire-Bouchon – Rennes (35)

Pour 4 personnes

16 noix de Saint-Jacques
50 cl de bouillon de bœuf
1 botte de coriandre
1 carotte jaune
1 carotte orange
12 betteraves Chiogga
1/2 céleri-rave
1 bâton de citronnelle
Huile d'olive
Poivre sauvage de Madagascar
Fleur de sel

- Faire bouillir le bouillon de bœuf. Ajouter la citronnelle taillée en gros morceaux et laisser infuser 15 min.
- Tailler les légumes en petits bâtonnets. Réserver.
- Saisir les Saint-Jacques 30 s sur chaque face.
- Débarrasser sur du papier absorbant. Saler et poivrer.
- Dans un bol, déposer une belle louche de bouillon, les Saint-Jacques, la coriandre hachée et les bâtonnets de légumes.

Noix de Saint-Jacques et thon rouge albacore aux aromates

Par Rachel Gesbert – La Fontaine aux Perles – Rennes (35)

Pour 4 personnes

150 g de thon rouge albacore
8 belles noix de Saint-Jacques
8 langoustines de taille 15/20
1 carotte
1 oignon
10 g d'œufs de harengs
8 asperges sauvages
20 cl d'huile de sésame
Quelques feuilles de mâche
Thym
Cerfeuil
20 g de gros sel
Fleur de sel

• Réaliser un bouillon avec 1 l d'eau, la carotte, l'oignon coupé en mirepoix, le thym et le gros sel. Porter à ébullition puis retirer la garniture.
• Dans ce même bouillon, cuire les asperges sauvages 30 s, les sortir et les refroidir rapidement.
• Plonger ensuite les langoustines dans le bouillon en ébullition et les retirer aux premiers frémissements.
• Émincer chaque noix de Saint-Jacques en cinq tranches régulières et le thon en trente-deux tranches régulières.
• Disposer le tout dans un plat et verser dessus l'huile de sésame.
• Laisser mariner quelques instants et assaisonner avec la fleur de sel.
• Décortiquer les langoustines.

Dressage

• Disposer en rosace les Saint-Jacques et le thon (huit tranches de chaque en quinconce).
• Mettre deux tranches de Saint-Jacques au centre de la rosace et deux langoustines au-dessus des Saint-Jacques du milieu.
• Parsemer de fleur de sel, déposer au-dessus des langoustines une noisette d'œufs de harengs.
• Décorer avec les asperges sauvages, les feuilles de mâche et le cerfeuil.

Noix de Saint-Jacques marinées
au soja, langues d'oursin, mousseline de carotte et tempura de légumes

Par Thierry Seychelles – Le Roscanvec – Vannes (56)

Pour 4 personnes

6 noix de Saint-Jacques
12 langues d'oursin
1 kumbawa ou citron vert
12 segments de pamplemousse
200 g de carotte
10 g de gingembre
50 g de beurre
10 cl de sauce soja
10 cl d'huile de sésame
10 cl de crème liquide
8 feuilles de pack-choï (chou chinois) coupé en deux

Réaliser la mousseline de carotte

- Laver, éplucher et tailler les carottes en petits morceaux.
- Réaliser la même opération avec le gingembre.
- Dans une casserole, mettre le beurre à fondre puis ajouter les carottes et le gingembre, mettre un couvercle et laisser cuire à feu très doux jusqu'à ce que les carottes soient cuites.
- Dans un bol mixeur, mettre la préparation, ajouter la crème puis mixer 1 à 2 min.
- Rectifier l'assaisonnement et maintenir au chaud.

Réaliser le tempura de légumes

- Chauffer la friteuse à 180 °C.
- Tremper les feuilles de pack-choï dans l'appareil à tempura, enlever l'excédent de pâte et faire frire pendant 1 min.
- Débarrasser sur un papier absorbant, saler légèrement et maintenir au chaud.

Préparer les Saint-Jacques

- Tailler les noix de Saint-Jacques en deux dans le sens de la largeur.
- Dans un plat, disposer les lamelles de Saint-Jacques, la sauce soja et l'huile de sésame.
- Râper le kumbawa, retourner les Saint-Jacques et répéter l'opération.
- Dans une assiette ronde et blanche de préférence, dresser harmonieusement à l'aide d'une cuillère à soupe la mousseline de carotte, disposer les lamelles de Saint-Jacques dans la longueur, poser dessus les langues d'oursin. Sur le côté, positionner les segments de pamplemousse et les feuilles de pack-choï en tempura.

Saint-Jacques lutées

Par Guillaume Anor – L'Agapa – Perros-Guirec (22)

Pour 4 personnes

4 coquilles Saint-Jacques
8 pétales de tomates confites
1 oignon cébette
4 cuillerées à café d'huile d'olive
8 olives
4 bandes de pâte feuilletée (2 cm de large sur 15 cm de long)
1 jaune d'œuf
Sel, poivre
Gros sel

• Retirer la coquille supérieure des Saint-Jacques. Enlever délicatement les barbes et le corail s'il y en a.
• Rincer abondamment les Saint-Jacques à l'eau en veillant à ne pas les décoller de la coquille.
• Assaisonner les Saint-Jacques, ajouter deux pétales de tomates confites, deux olives, un peu d'oignon cébette taillé finement et une cuillerée d'huile d'olive.
• Refermer le tout d'une bande de pâte feuilletée et napper de jaune d'œuf avec un pinceau.
• Mettre les Saint-Jacques au four à 200 °C (th. 6-7) pendant 6 min.
• Une fois cuites, les poser directement sur les assiettes de service sur lesquelles on aura également mis une couche de gros sel pour pouvoir les poser bien à plat.

Noix de Saint-Jacques
en croûte de cacahuètes, salsifis au parmesan et beurre blanc vanillé

Par Gwenaël Lavigne – Ô Saveurs – Saint-Brieuc (22)

Pour 4 personnes

16 noix de Saint-Jacques
50 g de cacahuètes
50 g de chapelure
120 g de beurre
3 échalotes
1 gousse de vanille
20 cl de vin blanc
25 cl de crème liquide
8 pièces de salsifis
40 g de parmesan

Réaliser la croûte

• Mixer les cacahuètes, ajouter la chapelure et 50 g de beurre fondu.
• Étaler la pâte entre deux feuilles de papier cuisson.
• Laisser reposer 30 min au froid et détailler seize petits ronds de la taille des noix de Saint-Jacques.

Réaliser le beurre vanillé

• Éplucher et émincer les échalotes.
• Les faire cuire avec le vin blanc et la gousse de vanille jusqu'à évaporation.
• Ajouter la crème, laisser cuire 5 min et passer au mixeur en enlevant bien la gousse de vanille et en ajoutant 50 g de beurre froid taillé en petits cubes. Réserver au chaud.

Préparer les Saint-Jacques

• Éplucher et cuire les salsifis à l'eau salée pendant 5 min.
• Les égoutter puis les faire sauter dans 20 g de beurre.
• Mouler les salsifis dans un emporte-pièce et recouvrir de parmesan.
• Passer 3 min au four, position gril.
• Poêler les noix de Saint-Jacques 1 min de chaque côté.
• Disposer le rond de croûte dessus et passer au gril 30 s.
• Dresser les Saint-Jacques sur les salsifis gratinés et servir la sauce en petit pichet.

Carpaccio de Saint-Jacques,
saumon au chèvre frais et piment d'Espelette

Par Michaël Renard – Le Prieuré – Quimper (29)

Pour 4 personnes

10 pièces de Saint-Jacques
5 cl de jus de kalamansi (ou de mandarine)
10 cl d'huile d'olive
2 tranches de saumon frais
50 g de chèvre frais
2 feuilles de gélatine
50 g de harenga (ou d'œufs de hareng)
8 pièces de radis aigres-doux
15 cl de miel
10 cl de soja
Cardamome
Shiso
10 g de mayonnaise
20 g de tarama
1 cl de vinaigre de tomate
Piment d'Espelette
Ciboulette
Sel fumé
Poivre

• Escaloper les Saint-Jacques et les mettre à macérer dans le mélange jus de kalamansi et d'huile d'olive.
• Mélanger le chèvre frais à la gélatine fondue et incorporer la crème fouettée, puis assaisonner le mélange avec le piment d'Espelette et le sel fumé.
• Sur un papier film, déposer les belles tranches de saumon et garnir du mélange de chèvre frais, puis enrouler à l'aide du papier film pour obtenir un tube d'un diamètre de 2 cm. Réserver au frais.
• Faire bouillir le soja, le miel et la cardamome.
• Hors du feu, plonger les radis et laisser refroidir la préparation.
• Mélanger la mayonnaise au tarama et au vinaigre de tomate. Faire des petites quenelles de harenga.
• Dans un coin de l'assiette, disposer les Saint-Jacques en rosace et verser délicatement dessus la marinade. Poser un tube de saumon de 6 cm de long et l'agrémenter de deux quenelles de harenga. Mettre un petit bouquet de mizuna poivré ou de pousse de moutarde et l'assaisonner de la marinade. Déposer deux radis aigres-doux et la mayonnaise tarama. Parsemer l'assiette de ciboulette et de feuille de shiso.

Noix de Saint-Jacques, chorizo et carottes

Par Thierry Berton – Un Toqué à la Maison – Rennes (35)

Pour 4 personnes

12 noix de Saint-Jacques
12 fines tranches de chorizo doux
8 carottes de sable
2 oranges
3 oranges sanguines
1 citron vert
1 cuillerée à soupe de sucre
1 cuillerée à café de curry
1 cuillerée à café de piment d'Espelette
5 cl d'huile d'olive
25 g de beurre
Ciboulette
Sel, poivre

• Réaliser des chips de chorizo en faisant sécher les tranches au four à 150 °C (th. 5) pendant 10 min.
• Laver les fruits et les légumes. Prélever la peau d'une orange sanguine, la découper en fine julienne et la blanchir quatre fois, départ à l'eau froide. La dernière fois, ajouter du sucre et confire à feu doux.
• Faire des segments à cru avec l'orange épluchée et presser les deux autres.
• Éplucher les carottes. Détailler l'une d'elles en fines lamelles à la mandoline (pour la décoration).
• Couper les autres en morceaux pour la purée : cuire, départ à l'eau froide salée. Égoutter. Assaisonner de curry et mixer avec une noisette de beurre.

Réaliser la sauce au beurre d'orange
• Réduire le jus d'orange jusqu'à obtenir le tiers du liquide, sirupeux. Puis monter au beurre (froid coupé en morceaux) à l'aide d'un fouet avec une pincée de piment d'Espelette. Saler, poivrer.
• Laisser reposer à froid pour que la sauce épaississe.

• Saisir les noix de Saint-Jacques 2 min sur chaque face.
• Dresser comme sur la photo.

Nage de Saint-Jacques aux agrumes et petits légumes

Par Samir Hamza – La Réserve – Rennes (35)

Pour 4 personnes

20 coquilles Saint-Jacques
1 botte de carottes fanes
1 botte de navets fanes
1 botte d'oignons verts
4 pamplemousses
4 oranges
2 citrons verts

Fumet
25 cl de Noilly-Prat
2 carottes
2 oignons
2 gousses d'ail
2 étoiles de badiane

Huile d'estragon
2 bottes d'estragon
25 cl d'huile d'olive

• Décoquiller les Saint-Jacques. Ébarber les noix et réserver les bardes au frais.
• Éplucher et tailler tous les légumes.
• Lever les segments d'agrumes.

Réaliser le fumet
• Faire revenir les bardes au beurre avec la garniture aromatique pendant 10 min.
• Déglacer au Noilly-Prat.
• Laisser réduire, mouiller à l'eau à hauteur et faire cuire 1 h. Passer au chinois.
• Cuire les légumes individuellement dans le fumet. Réserver.

Réaliser l'huile d'estragon
• Effeuiller l'estragon, le laver, puis le mixer avec un glaçon et de l'huile d'olive. Saler et poivrer.

Préparer les Saint-Jacques
• Faire bouillir le fumet, monter au beurre.
• Remettre en température les légumes puis les dresser dans des assiettes creuses.
• Poêler les Saint-Jacques.
• Disposer dans l'assiette les Saint-Jacques puis les segments d'agrumes. Verser le fumet bien chaud. Finir avec l'huile d'estragon et la fleur de sel de Guérande.

Coquilles Saint-Jacques,
céleri et coulis de boudin noir

Par Loïc Pasco – L'Appart – Rennes (35)

Pour 4 personnes

8 coquilles Saint-Jacques
100 g de boudin noir
4 branches de thym
ou de romarin
1 céleri boule de 300 g
avec les branches
10 g de beurre

• Peler le céleri boule et mettre de côté les branches. Le détailler en gros dés puis le mettre dans une casserole, couvrir à hauteur avec de l'eau et y ajouter le beurre et une pincée de sel. Laisser cuire 30 à 40 min.
• Une fois cuit, l'égoutter tout en gardant le jus de cuisson.
• À l'aide d'un mixeur, réaliser la purée de céleri.
• Pour le coulis de boudin noir, enlever le boyau du boudin et le couper grossièrement.
• Dans une casserole, mixer le boudin avec une partie du jus de cuisson du céleri et réserver au chaud.
• Sélectionner quelques feuilles de céleri et les faire frire dans une casserole d'huile d'olive puis les égoutter.
• Mettre à chauffer une poêle avec un trait d'huile d'olive. Lorsque celle-ci est chaude, déposer les Saint-Jacques préalablement embrochées sur la branche de thym ou de romarin (deux Saint-Jacques par brochette).
• Dans une assiette creuse, mettre le coulis de boudin noir puis une quenelle de purée et déposer la brochette de Saint-Jacques. Décorer le tout avec les feuilles de céleri frites.

Saint-Jacques rôties à l'artichaut
andouille et jus de crustacés

Par Rachel Gesbert – La Fontaine aux Perles – Rennes (35)

Pour 4 personnes

16 noix de Saint-Jacques
4 cœurs d'artichauts
100 g d'andouille au lard de Guémené
Huile d'olive
Beurre
Citron
Cerfeuil

Jus de crustacés

1 kg de carcasse de langoustines
2 cuillerées à soupe d'huile d'olive
1 oignon
1 carotte
50 g de céleri branche
1 branche de thym
1 feuille de laurier, cerfeuil
3 tomates
1 cuillerée à soupe de concentré de tomates
75 cl de vin blanc

Réaliser les fonds d'artichauts

• Plier les queues à la base pour les casser en entraînant les fils avec la tige. Rectifier ensuite la coupe avec un couteau, retirer les feuilles et parer le tour des artichauts. Ôter le foin pour ne conserver que les fonds.
• Les citronner pour les empêcher de noircir, puis les faire cuire 20 min dans l'eau salée additionnée de quelques gouttes de jus de citron, en restant à la limite de l'ébullition. Les égoutter.

Réaliser le jus de crustacés

• Éplucher et émincer l'oignon et la carotte, peler les tomates, les épépiner et les couper en morceaux.
• Faire chauffer l'huile d'olive dans une sauteuse et y jeter les têtes et les carcasses de langoustines grossièrement écrasées.
• Les saisir rapidement en remuant, puis baisser le feu, ajouter l'oignon, la carotte et le céleri, les tomates, le thym, le laurier, le cerfeuil et le concentré de tomates.
• Verser le vin blanc, faire démarrer l'ébullition, puis couvrir et laisser mijoter doucement pendant 20 min.
• Passer la sauce au chinois en pressant avec un pilon pour récupérer tous les sucs contenus dans les carcasses.
• Remettre à réduire ce jus de crustacés à feu doux.

• Trancher l'andouille très finement. La pocher dans le jus de cuisson de l'artichaut et la plaquer sur un papier sulfurisé.
• La cuire au four pendant 2 min à 150 °C (th. 5).
• Faire fondre le reste de beurre dans une casserole et réchauffer doucement les fonds d'artichauts coupés.
• Faire revenir les noix de Saint-Jacques à feu vif dans une poêle antiadhésive avec une cuillerée d'huile d'olive, 30 s de chaque côté. Assaisonner et réserver.

Dresser

• Disposer les fonds d'artichauts tièdes dans l'assiette, puis les noix de Saint-Jacques en rosace. Répartir l'andouille entre les noix de Saint-Jacques et napper le tour de l'assiette de jus de crustacés. Parsemer de cerfeuil. Servir aussitôt.

Croquettes à la bretonne aux Saint-Jacques

Par Stéphane Galon – Galon Ar Breizh – Fougères (35)

Pour 6 personnes

12 noix de Saint-Jacques
1 homard (400 ou 500 g)
2 échalotes
12 champignons
1 poireau
1 carotte
1 botte de persil
25 cl de vin blanc
10 cl de crème fraîche
100 g de beurre
2 feuilles de gélatine

Panure
2 œufs
20 cl d'huile
150 g de farine
200 g de chapelure
Sel, poivre

- Cuire le homard au court-bouillon avec les parures d'échalotes et de carotte et le vert de poireau.
- Passer le bouillon au chinois et réduire d'un tiers.
- Sortir le homard et le décortiquer entièrement (tête, pinces et corps). Mettre ces carcasses dans le reste de bouillon pour en faire un fumet.
- Faire sauter les Saint-Jacques au beurre noisette 30 s de chaque côté avant de les retirer.
- Ajouter les échalotes, les champignons et la carotte préalablement taillés en fine brunoise.
- Faire suer 5 min. Mouiller avec le vin blanc, réduire des deux tiers et ajouter 25 cl de fumet de homard. Réduire de moitié.
- Lier la sauce obtenue avec une cuillerée à soupe de farine délayée dans un peu d'eau froide. Incorporer le beurre et les feuilles de gélatine préalablement trempées à l'eau froide. Refroidir et réserver un quart de cette sauce pour le dressage.
- Tailler les Saint-Jacques, les pinces, les pattes et la chair du homard en petits cubes. Escaloper la queue en fines tranches.
- Ajouter les Saint-Jacques et le homard dans la sauce. Verser le tout dans un plat creux et faire prendre au réfrigérateur (la consistance doit être celle d'une crème pâtissière). Détailler ce bavarois en palets ou cylindres.
- Pour les paner, passer successivement chaque pièce dans la farine, les œufs battus avec l'huile et la chapelure. Veiller à une étanchéité parfaite de la chapelure.
- Frire chaque croquette dans 1 l d'huile chaude. Les sortir dès coloration et les enfourner à 150 °C (th. 5) en attendant le service.
- Dresser les croquettes sur un fond de sauce. Déposer à côté une lamelle de homard et décorer de feuilles de persil.

Coquille Saint-Jacques crue,
risotto, œuf de caille mollet

Par Laurent Le Berrigaud – Restaurant Laurent Le Berrigaud – Pont-Scorff (56)

Pour 4 personnes

12 coquilles
100 g de riz « arborio »
1 échalote
20 cl de sauvignon
60 cl de bouillon de légume
10 cl de crème
50 g de parmesan râpé
4 œufs de caille
Truffe noire

Réaliser le risotto

• Ciseler l'échalote puis la faire suer avec un filet d'huile d'olive sans coloration.
• Mettre le riz puis nacrer.
• Ajouter le sauvignon et laisser réduire jusqu'à évaporation totale du vin.
• Verser le bouillon de légume et laisser cuire doucement en remuant souvent.
• À évaporation, ajouter la crème et le parmesan, laisser cuire environ 5 min en remuant. Assaisonner et réserver au froid.

• Ouvrir et décortiquer les coquilles Saint-Jacques, laver et sécher les noix sur un essuie-tout avant de les escaloper.
• Cuire les œufs de caille dans de l'eau à ébullition pendant 2 min. Les refroidir puis les écaler.
• Sur une assiette de votre choix, mettre un emporte-pièce rond, ajouter le risotto froid puis les noix de Saint-Jacques en rosace, l'œuf de caille, râper un peu de truffe noire puis assaisonner avec de la fleur de sel et un bâtonnet de pain toasté.

Quand la Provence vient en Bretagne

Par Emmanuel Monnier – Le Puits des Saveurs – Vannes (56)

Pour 4 personnes

12 noix de Saint-Jacques
12 tranches fines de poitrine fumée
6 artichauts poivrades
1 citron
2 aubergines
Chapelure thaïe
1 œuf
1 filet d'huile de tournesol
Sel, poivre

Pistou
10 cl d'huile d'olive
1 botte de basilic
1 botte de persil
1 gousse d'ail
Sel, poivre

• Préchauffer le four à 200 °C (th. 6-7).

Réaliser le pistou
• Blanchir le persil puis le rafraîchir dans de l'eau froide avec des glaçons.
• Mettre dans un blender le persil avec le basilic, l'ail épluché et l'huile d'olive. Mixer 30 s puis réserver.

• Tourner les artichauts et les couper en deux. Les réserver dans un bain d'eau citronnée pour éviter qu'ils noircissent.
• Éplucher les aubergines, les couper en tranches de 1 cm d'épaisseur dans le sens de la longueur. Détailler les tranches en rectangles de 3 cm par 1 cm.
• Battre ensemble dans un récipient l'œuf, le filet d'huile d'olive, le sel et le poivre.
• Baigner les tranches d'aubergine dans ce mélange, les envelopper de chapelure thaïe, puis réserver.
• Colorer les artichauts à l'huile d'olive dans une poêle pendant 3 min environ. Finir la cuisson à four chaud pendant 10 min.
• Poêler les tranches de poitrine fumée des deux côtés, réserver.
• Poêler les tranches d'aubergine dans de l'huile d'olive, réserver.
• Faire la même chose avec les noix de Saint-Jacques.
• Disposer dans chaque assiette trois tranches d'aubergine frites. Mettre une noix de Saint-Jacques et un demi-artichaut sur chaque tranche. Disposer une tranche de poitrine fumée sur chaque Saint-Jacques, arroser de pistou et servir.

Saint-Jacques façon Rossini

Par Julien Doupeux – L'Auberge – Sainte-Anne-d'Auray (56)

Pour 4 personnes

1 kg de Saint-Jacques
1 kg de pommes de terre (Charlotte)
100 g de beurre demi-sel
2 escalopes de foie gras
400 g de champignons de saison à poêler
30 cl d'eau

Sauce
5 cl de cognac
10 cl de porto
20 cl de fond réduit
1 cuillerée à soupe de crème fraîche

• Ouvrir et nettoyer les coquilles Saint-Jacques. Réserver au frais.

Réaliser le croustillant de pomme de terre
• Utiliser un rouet pour faire des spaghettis de pomme de terre (garder quatre pommes de terre de côté).
• Disposer les spaghettis autour d'un cercle avec un papier sulfurisé huilé.
• Cuire au four à 180 °C (th. 6) pendant 10 min.

• Dans les quatre pommes de terre réservées, détailler douze rondelles de 1 cm d'épaisseur et d'un diamètre équivalent à celui d'une noix de Saint-Jacques (aidez-vous d'un emporte-pièce).
• Cuire ces palets de pomme de terre dans de l'eau et du beurre demi-sel jusqu'à obtenir une consistance fondante.
• Poêler les champignons coupés en brunoise dans du beurre 4 à 5 min. Réserver.
• Dans la même poêle, poêler les escalopes de foie gras et réserver.
• Déglacer la poêle avec du cognac et du porto.
• Ajouter la crème et faire réduire.
• Incorporer le fond et rectifier l'assaisonnement.
• Dresser les croustillants remplis de champignons. Poser sur l'assiette trois palets de pomme de terre surmontés d'une noix de Saint-Jacques et d'une rondelle de foie gras (préalablement découpée à l'emporte-pièce). Ajouter la sauce à votre convenance.

Fricassée de queue de bœuf et noix de Saint-Jacques

Par Hervé Jamin – Le Manoir des Portes – Lamballe (35)

Pour 4 personnes

1 kg de queues de bœuf
12 noix de Saint-Jacques
100 g d'échalotes
100 g de roquette

Garniture aromatique
100 g de carottes
100 g d'oignons
100 g de vert de poireau
100 g de beurre
Vinaigrette
Clous de girofle
Thym, laurier

- Cuire les queues de bœuf comme pour un pot-au-feu avec la garniture aromatique pendant environ 4 h.
- Défaire la chair de bœuf de son os.
- Réduire le jus de bœuf au maximum.
- Chinoiser et monter au beurre. Réserver.
- Émincer finement les échalotes et les faire revenir dans un beurre noisette.
- Ajouter l'effilochée de queues de bœuf.
- Faire rissoler et accrocher la viande. Caraméliser.
- Dans une autre poêle, chauffer le reste de beurre et amener au stade noisette. Colorer et cuire les noix de Saint-Jacques sur toutes les faces.
- Mélanger la salade avec la vinaigrette.
- Dresser.

Saint-Jacques rôties, asperges blanches et pomelos

Par Pierre Legrand – Aozen – Rennes (35)

Pour 4 personnes

16 coquilles Saint-Jacques
16 asperges blanches
8 asperges vertes
2 pomelos
20 g de beurre salé
Cresson
5 citrons jaunes
1 cuillerée à soupe de miel de citronnier
10 cl d'huile d'olive
Sel, poivre

• Décortiquer, bien rincer les coquilles Saint-Jacques et les laisser s'égoutter quelques heures au frais, elles seront plus faciles à poêler.
• Éplucher les asperges blanches et les faire cuire une dizaine de minutes (en fonction du diamètre) à l'eau bouillante salée. Les rafraîchir.
• Éplucher les asperges vertes et les cuire 5 à 6 min, à l'eau bouillante également.
• Prélever les suprêmes des pomelos.

Réaliser le crémeux de citron
• Réduire le jus des citrons jaunes avec le zeste de l'un d'eux et une cuillerée de miel de citronnier, jusqu'à l'obtention d'une consistance sirupeuse.
• Monter à l'aide d'un petit mixer, type bamix, en ajoutant 10 cl d'huile d'olive environ pour obtenir une « crème » proche de la mayonnaise.
• Saler et ajouter à nouveau un peu de miel si le mélange est trop acide.

• Poêler les coquilles 2 à 3 min de chaque côté et assaisonner.
• Poêler les asperges au beurre salé pour les colorer légèrement.
• Sur les assiettes, répartir les asperges, les coquilles et les pomelos. Tirer quelques traits de crémeux de citron et décorer avec des pousses de cresson des jardins.

Croustillant de Saint-Jacques, chutney de pommes, betteraves et espuma orange-citronnelle

Par Philippe Le Bigot – Le M – Brest (29)

Pour 4 personnes

12 noix de Saint-Jacques
500 g de carottes de sable
Bouillon de volaille
Gingembre
Sel, poivre

Chutney de pommes

250 g de pommes
40 g d'oignons émincés
5 cl de vinaigre blanc
70 g de sucre
10 g de gingembre
Cannelle

Espuma orange, citronnelle

20 g d'échalote
10 cl de fumet de poisson
40 cl de jus d'orange
1 tige de citronnelle
10 g de gingembre
Sucre

Tuiles à l'orange

200 g de farine
10 cl de jus d'orange
125 g de beurre fondu

Cubes de betteraves

200 g de betteraves rouges cuites
4 cl de jus de betterave
2 g d'agar-agar

• Bien laver les carottes, les éplucher et les cuire dans un bouillon de volaille à hauteur. Une fois cuites, les égoutter puis les mixer. Assaisonner et réserver.

Réaliser le chutney

• Rassembler l'ensemble des ingrédients dans une casserole.
• Assaisonner et cuire jusqu'à réduction du liquide.

Réaliser l'espuma

• Faire réduire le fumet de poisson avec les échalotes.
• Ajouter le jus d'orange, le gingembre et la citronnelle.
• Réduire de moitié et lier avec la farine. Assaisonner, passer, mettre l'appareil dans un siphon et tenir au chaud au bain-marie.

Réaliser les tuiles

• Faire fondre le beurre et le mélanger aux autres ingrédients. Couler en plaque garnie d'un sylpat.
• Cuire au four à 180 °C (th. 6) jusqu'à coloration.
• Découper des bandes à chaud et les enrouler autour d'un petit cercle de la taille de vos Saint-Jacques pour leur donner une forme ronde.

Réaliser les cubes de betterave

• Mixer les betteraves avec le jus et l'agar-agar.
• Porter à ébullition. Puis verser dans un moule carré. Laisser durcir et tailler des cubes.

Dresser

• Saisir les Saint-Jacques (colorer sans trop cuire).
• Disposer trois tuiles sur l'assiette, les garnir d'un fond de purée de carotte, puis y mettre les Saint-Jacques.
• Garnir de chutney de pommes.
• Disposer les cubes de betterave sur le côté.
• Mettre l'espuma dans une cuillère ou une verrine.

Saint-Jacques, asperges vertes et sable sarrasin

Par Loïc Pasco – L'Appart – Rennes (35)

Pour 4 personnes

20 noix de coquilles Saint-Jacques
15 asperges vertes
50 g de pousses d'épinards
15 cl de jus de moules
15 cl de crème liquide
1 pincée de piment d'Espelette

Crumble de sarrasin
40 g de beurre demi-sel à température
30 g de farine de blé noir
20 g de farine de blé
10 g de parmesan râpé

• Cuire les asperges vertes à l'eau bouillante salée, les garder croquantes. Refroidir à l'eau glacée, réserver.
• Mélanger tous les ingrédients du crumble. Le cuire au four sur une plaque à 170 °C (th. 5-6) pendant 15 min. Laisser refroidir.
• Mettre dans une casserole le jus de moules, la crème liquide et la pincée de piment d'Espelette. Chauffer légèrement puis mixer pour émulsionner la crème.
• Chauffer les asperges dans une poêle beurrée, cuire les coquilles Saint-Jacques dans une poêle à l'huile d'olive à feu vif, 30 s de chaque côté. Assaisonner.
• Dresser les coquilles sur des assiettes chaudes, positionner les asperges, déposer le jus émulsionné, parsemer de crumble et de quelques feuilles d'épinards.

Premières asperges,
dernières Saint-Jacques à l'orange yuzu et pied de porc rôti

Par Patrick Jeffroy – Restaurant Patrick Jeffroy – Carantec (29)

Pour 4 personnes

12 asperges blanches
4 asperges vertes
12 belles noix de coquilles Saint-Jacques
50 cl de jus d'orange
1 échalote ciselée
250 g de pieds de cochon (fondus, pressés et taillés en rectangles)
100 g de beurre doux
1 cuillerée à coupe de crème fouettée
5 cl de jus de yuzu

- Réduire à feu doux le jus d'orange avec l'échalote.
- Monter au beurre, ajouter le jus de yuzu.
- Vérifier l'assaisonnement et réserver.
- Cuire dans un blanc les douze asperges blanches. Réserver.
- Cuire dans de l'eau claire les quatre asperges vertes, rafraîchir, égoutter et réserver.
- Tailler en copeaux deux asperges blanches et une asperge verte, conserver dans de l'eau glacée.
- Rôtir les pieds de cochon.
- Glacer les asperges dans un fond de cuisson beurré.
- Poêler rapidement les coquilles Saint-Jacques.
- Dresser comme sur la photo.

Table des recettes

Editions OUEST-FRANCE
Aix-en-Provence - Lille - Rennes

© 2013, Editions Ouest-France, Edilarge S.A.

Editeur : Jérôme Le Bihan
Coordination éditoriale : Isabelle Rousseau
Collaboration éditoriale : Jeanne Perrin
Conception graphique : Studio graphique des Editions Ouest-France
Mise en page et photogravure : Graph&ti, Cesson-Sévigné (35)
Impression : Loire Offset titoulet, Saint-Etienne (42)

N° d'éditeur : 7063.01.3,5.09.13
I.S.B.N. 978-2-7373-5959-0
Dépôt légal : septembre 2013

Imprimé en France
www.editionsouestfrance.fr